HELEN HALLDÓRSDÓTTIR

Tre rader poesi
Þriggja lína ljóð
Poesía en tres lineas
Three-line poetry

Artes Liberales AB

Utbildning - Konsulttjänst - Förlag

Tre rader poesi
Þriggja lína ljóð
Poesía en tres lineas
Three-line poetry

© Helen Halldórsdóttir, 2022
helenislandia@gmail.com

Översättning: Helen Halldórsdóttir
Korrekturläsning: Svanhildur Kjartansdóttir
Foton: Helen Halldórsdóttir
Layout: Helen Halldórsdóttir / Dafvid Hermansson

Första upplagan, första tryckningen, 2022.
Förlag och distribution:
Artes Liberales AB.
Tryckeri: Books on Demand.

Artes Liberales AB
Utbildning - Konsulttjänst - Förlag

www.artesliberalesab.se
info@artesliberalesab.se

ISBN 978-91-527-4378-2

*

Fladdrande fjäril
söker ogräs
Skönheten kommer inifrån

*

Fiðrildi á flögri
í leit að illgresi
Fegurðin kemur að innan 3

*

*

Varje steg
ljuder ljudlöst
i storstadens lugn

*

Hvert spor
hljómar hljóðlaust
í kyrrð stórborgarinnar

4

*

Cada paso
suena silencioso
en la tranquilidad de la gran urbe

*

*

Jag vill ha fötterna på jorden
och
händerna i himmelen

*

Ég vil hafa fæturnar á jörðinni
og
hendurna í himninum

*

*

Ny man
betyder nya underkläder
Jag har alltid tyckt om nya saker

*

Nýr maður
þýðir ný nærföt
Ég hef alltaf nýjungagjörn verið

*

A new man
means new underwear
I've always been keen on new things

*

Un hombre nuevo
significa ropa interior nueva
Siempre me han gustado las cosas nuevas

*

Mina behov
för dig ett livshot
Kan man överklaga?

*

My needs
for you a threat to life
Is it possible to appeal?

*

Þarfir mínar
fyrir þig lífshótun
Er hægt að áfrýja?

*

*

Flyktingen fick uppehållstillstånd
inte utan villkor:
Lämna kvar det obehagliga!

*

Flóttamaðurinn hæli fékk
með skilyrðum:
skildu hið óþægilega eftir!

*

*

Barnet i mig själv sover aldrig
Jag är både mor och dotter
till mina döttrar

*

The child in me never sleeps
I'm both the mother and the daughter
to my daughters

*

Barnið í sjálfri mér
blundar aldrei
Ég er bæði móðir og dóttir dætra minna

*

*

Villovägar och lönnstigar
kors och tvärs
Var finns den gyllene medelvägen?

*

Villigötur og leynistígar
þvers og kruss
Hvar er hinn gullni meðalvegur?

*

*

Älskar storstaden
Älskar landet
Jag har schizolängtan

*

I love the city
I love the countryside
I have schizo longing

*

Elska stórborgina
Elska sveitina
Löngunarklofa er ég

*

*

Trumslagaren svettig
torkar av pannan
Vem smeker hans själ?

*

El tamborilero transpirado
se seca su frente
Quién acaricia su alma?

*

The sweaty tambourine man
wipes his forehead
Who caress his soul?

*

Trumbuslagarinn sveittur
strýkur sér um enni
Hver gælir við sál hans?

*

Kaffefläckar på lakanet
vittnar om kärlek;
frukost i sängen

*

Morgunmatur í rúminu
kaffislettur í laki
merki ástarinnar   13

*

*

Tvätt på lina vajar
fläck på vitt lakan
spår av livets kretslopp

*

Þvottur blaktir á snúru
Blettur í hvítu laki
menjar um hringrás lífsins

*

*

Blodiga händer
världens makthavare
är outplånliga

*

Las manos sangradas
de los poderosos del mundo
son imborrables

*

Blóðugar hendur
valdamanna heimsins
eru óútmáanlegar

*

*

Kvinnors blinda tro
på männens makt
orsaken till världens krig

*

La fe ciega de las mujeres
en el poder de los hombres
causa las guerras del mundo

*

Ofurtrú kvenna
á mátt karlmanna
orsök styrjalda heims

*

*

Alla dessa föräldralösa barn
oskyldiga offer
till människornas könsdrift

*

Öll hin foreldralausu börn
saklaus fórnarlömb
kynhvatar mannkyns   *17*

*

*

Mäktiga militärtrupper
pjäser
på penningmarknadens schackbräda

*

Öflugar hersveitir
peð á skákborði
peningamarkaðarins

*

*

Som tonåring
var jag så full
av hormoner och motvilja

*

*

Vår kärlek blev förenad
framför kyrkans representant
En annan genomförde din begravning

*

Frammi fyrir kirkjunnarmanni
var ást okkar sameinuð

Annar framkvæmdi útför þína

*

*

Svarta blommor, rosor
utan ord
säger allt som behövs

*

*

Alla sorters människor
går olika ärenden
Jag reser ensam

*

Alls konar fólk
í ýmis konar erindagjörðum
Ég er ein á ferð

*

*

En del av min kropp
blev kvar hos honom.
Tillhör själen kroppen?

*

Hluti líkama míns
varð eftir hjá honum
Tilheyrir sálin líkamanum?

*

*

Känner hur hans fingrar
smeker mina
Jag sitter 3.000 meter uppe bland molnen

*

Finn fyrir fingrum hans
hvernig þeir strjúka mína
Ég sit 10.000 fetum ofar skýjum

*

*

Dikternas gränser
de samma som språkens
- inga

*

Landamæri ljóðanna
þau sömu og tungumálanna
- engin   25

*

*

Ut genom kaféets fönster
följer min blick människorna
Deras blick flackar

*

Út um glugga kaffihússins
eltir augnaráð mitt fólkið
Þeirra augnaráð flöktir

*

*

Från jord är du kommen
På jorden lever du
I jord kommer du att bli begravd

*

Af jörðu ertu komin
Á jörðu lifir þú
Í jörðu verður þú grafin   *27*

*

*

Utan dig, utan mig
inget universum
inga bråk

*

Án þín, án mín
enginn heimur
engin rifrildi

*

*

De lärda kände ej
hela sin värld
Inte vi heller

*

Han berättade nyheter
från sitt land
Jag pratade väder

*

Mitt behov av havet
ingen hemlighet
Skulle behöva åka till sjöss!

*

*

Kärlek i en solig dags
mörker
Solbländad kärlek är bäst

*

Ást í myrkri
sólbjarts dags
Sólblinduð ást er best

30

*

*

Världens ljus fladdrar
Försök görs att uppliva glöden
Krigen måste fortsätta

*

Ljós heimsins flöktir
Lífi blásið í glæðurnar
Orusturnar verða að halda áfram   *31*

*

*

Min förste man
kallade mig fjäril
Han hade rätt

*

Maðurinn minn
kallaði mig fiðrildi
Hann hitti naglann á höfuðið

*

*

Min kärlek gav jag till en person
Det tog mig åratal att få den tillbaka
Sen dess har jag endast lånat ut den

*

Europas avkomlingar
träffas i musiken
"Tangon länge leve!"

*

När jag kommit hem
väntar på mig disken
och oskrivna dikter

*

*

Slow-tv upptar min uppmärksamhet
uppmärksammar mitt behov
för slow-motion

*

Fidelistiskt årsmöte
ställer krav
på motion och... motion

*

I coronatider...
...
...

*

*

Vem är jag?
Företagsam vänsterliberalistisk kulturutövande egenföretagare
som söker partner

*

*

Þú ert lýsi mitt
orkugjafi tilveru minnar
Lýsi, vont en hollt

*

Allt í öllu
öllum heimill aðgangur
Aðgöngumiðar aðeins seldir á himnum

36

*

Aldrei hef ég í festum setið
né sorgarklæði borið
Hef þó upplifað hvort tveggja; ást og sorg

*

*

Alltaf kemur skin eftir skúr
Öll él stytta upp um síðir
en hvers vegna rignir alltaf að nýju?

*

Erfitt að finna
erfitt að staðhæfa;
hver er ég?

*

Sjávarlyktin blandast
ýldulykt gúanósins
Hvoru tveggja talar um auð hafsins

*

*

Þegar fæturnir lyftast frá jörðu svimar mig
þegar hendurnar sleppa takinu á himninum
leiðist mér

*

Öldurniður eyrna minna
ímyndun ein
eða leifar frá fósturskeiðinu?

*

Þrái trumbuslátt
lítilla handa
í kviði mínum

*

*

Áhættur lífsins
álíka margar
og járnbrautarteinar heimsins

*

Þrái góðan mat
kominn á borðið
missi ég áhugann

*

Eyðimerkurblómið
þráir regn
íslensk jurt sólina

*

*

Karlmenn valda mér gremju
veita mér fullnægingu
Allt gengur sinn vanagang

*

Hvar eru mennirnir í lífi mínu?
Einungis strákar og giftar lögreglur
sýna mér áhuga

*

"Alltaf þessi ást", segir þú
og máir í leiðinn út
ást mína á þér

*

*

Augu þín eins dökk
og hyldýpi
hjarta míns

*

Ótti minn
viðbrögð þín
ullu sambandsslitum

*

Elskhugi minn þeldökkur
heldur lífið leik einn
Leyfum honum að lifa í trúnni

*

*

Cuba libre?
Nei ekki ennþá
en kannski hann skilji við hana?

*

Vímuefni mín:
karlmenn
og dans

*

*

Orkugjafar mínir
ljóðlistin, dansinn og ástin
Í hvaða röð?

*

Prinsinn í kjallaranum
þreyttur á biðinni
Bráðum smelli ég hann kossi

*

Tidigare verk:

1989:
Producent för TV-programmet *Á brjósti-ekkert jafnast á við það*
RÚV, Börnin og við & Plúsfilm

1994:
Dikter i antologin *Novesi*
Bläckfisken

1995:
Diktsamlingen *Fjöreggið / Livets tunna skal*
Orient Tryck & Reklam

1998:
Dikten *My funny Valentine* blev iscensatt på Stadsteatern i Lund av Morau
Swedish Dance Academy

1999:
Dikter i antologin *Raddir að austan - Ljóð Austfirðinga*
Félag ljóðaunnenda á Austurlandi

2002:
Redaktör för antologin *Aurora - En presentation av 21 isländska poeter*
Gondolin

2003:
Dikt i *Poeter mot krig*
Yelah förlag

Dikter och novell i antologin *Huldumál – hugverk austfirskra kvenna*
Pjaxa ehf & Samband austfirskra kvenna

Livet är TANGO - Dikter om kärleken och livet
HH Cultura
Lífið er TANGÓ- Ljóð um ástina og lífið
HH Cultura

TIDIGARE VERK (FORTS.):

2004:
Fallskärmsresor, redaktör och översättare
Förlags AB Gondolin

Dikt i *Fragment*
Heterogenesis

Dikt i *Fragmentos*
Heterogenesis

2006:
Dikter i *POESIN hos Författarcentrum Syd*
Författarcentrum Syd

2021:
Dikter i *Panorama de la poésie islandaise - 36 auteurs contemporains*
Éditions du Cygne

Redaktör samt text och dikter i antologin *Om rätten till min egen död*
Artes Liberales AB

2022:
Livet är TANGO - Dikter om kärleken och livet (andra upplagan)
Artes Liberales AB

Dikter från ett levt liv
Artes Liberales AB

46